PASSWORD KEEPER
A Password Journal Organizer

CoolJournals.net

Cover and page design by Cool Journals Studios - Copyright 2013

ISBN-13: 978-1494734503
ISBN-10: 1494734508

TITLE:	PASSWORD CHANGE	DATE
URL:		
LOGIN:		
PASSWORD/PIN:		
NOTES/ HINTS/ SECURITY QUESTION:		

TITLE:	PASSWORD CHANGE	DATE
URL:		
LOGIN:		
PASSWORD/PIN:		
NOTES/ HINTS/ SECURITY QUESTION:		

TITLE:	PASSWORD CHANGE	DATE
URL:		
LOGIN:		
PASSWORD/PIN:		
NOTES/ HINTS/ SECURITY QUESTION:		

TITLE:	PASSWORD CHANGE	DATE
URL:		
LOGIN:		
PASSWORD/PIN:		
NOTES/ HINTS/ SECURITY QUESTION:		

TITLE:	PASSWORD CHANGE	DATE
URL:		
LOGIN:		
PASSWORD/PIN:		
NOTES/ HINTS/ SECURITY QUESTION:		

TITLE:	PASSWORD CHANGE	DATE
URL:		
LOGIN:		
PASSWORD/PIN:		
NOTES/ HINTS/ SECURITY QUESTION:		

TITLE:	PASSWORD CHANGE	DATE
URL:		
LOGIN:		
PASSWORD/PIN:		
NOTES/ HINTS/ SECURITY QUESTION:		

TITLE:	PASSWORD CHANGE	DATE
URL:		
LOGIN:		
PASSWORD/PIN:		
NOTES/ HINTS/ SECURITY QUESTION:		

TITLE:	PASSWORD CHANGE	DATE
URL:		
LOGIN:		
PASSWORD/PIN:		
NOTES/ HINTS/ SECURITY QUESTION:		

A

TITLE:	PASSWORD CHANGE	DATE
URL:		
LOGIN:		
PASSWORD/PIN:		
NOTES/ HINTS/ SECURITY QUESTION:		

TITLE:	PASSWORD CHANGE	DATE
URL:		
LOGIN:		
PASSWORD/PIN:		
NOTES/ HINTS/ SECURITY QUESTION:		

TITLE:	PASSWORD CHANGE	DATE
URL:		
LOGIN:		
PASSWORD/PIN:		
NOTES/ HINTS/ SECURITY QUESTION:		

TITLE:	PASSWORD CHANGE	DATE
URL:		
LOGIN:		
PASSWORD/PIN:		
NOTES/ HINTS/ SECURITY QUESTION:		

TITLE:	PASSWORD CHANGE	DATE
URL:		
LOGIN:		
PASSWORD/PIN:		
NOTES/ HINTS/ SECURITY QUESTION:		

TITLE:	PASSWORD CHANGE	DATE
URL:		
LOGIN:		
PASSWORD/PIN:		
NOTES/ HINTS/ SECURITY QUESTION:		

B

TITLE:	PASSWORD CHANGE	DATE
URL:		
LOGIN:		
PASSWORD/PIN:		
NOTES/ HINTS/ SECURITY QUESTION:		

TITLE:	PASSWORD CHANGE	DATE
URL:		
LOGIN:		
PASSWORD/PIN:		
NOTES/ HINTS/ SECURITY QUESTION:		

TITLE:	PASSWORD CHANGE	DATE
URL:		
LOGIN:		
PASSWORD/PIN:		
NOTES/ HINTS/ SECURITY QUESTION:		

TITLE:	PASSWORD CHANGE	DATE
URL:		
LOGIN:		
PASSWORD/PIN:		
NOTES/ HINTS/ SECURITY QUESTION:		

TITLE:	PASSWORD CHANGE	DATE
URL:		
LOGIN:		
PASSWORD/PIN:		
NOTES/ HINTS/ SECURITY QUESTION:		

TITLE:	PASSWORD CHANGE	DATE
URL:		
LOGIN:		
PASSWORD/PIN:		
NOTES/ HINTS/ SECURITY QUESTION:		

B

TITLE:	PASSWORD CHANGE	DATE
URL:		
LOGIN:		
PASSWORD/PIN:		
NOTES/ HINTS/ SECURITY QUESTION:		

TITLE:	PASSWORD CHANGE	DATE
URL:		
LOGIN:		
PASSWORD/PIN:		
NOTES/ HINTS/ SECURITY QUESTION:		

TITLE:	PASSWORD CHANGE	DATE
URL:		
LOGIN:		
PASSWORD/PIN:		
NOTES/ HINTS/ SECURITY QUESTION:		

TITLE:	PASSWORD CHANGE	DATE
URL:		
LOGIN:		
PASSWORD/PIN:		
NOTES/ HINTS/ SECURITY QUESTION:		

TITLE:	PASSWORD CHANGE	DATE
URL:		
LOGIN:		
PASSWORD/PIN:		
NOTES/ HINTS/ SECURITY QUESTION:		

TITLE:	PASSWORD CHANGE	DATE
URL:		
LOGIN:		
PASSWORD/PIN:		
NOTES/ HINTS/ SECURITY QUESTION:		

C

TITLE:	PASSWORD CHANGE	DATE
URL:		
LOGIN:		
PASSWORD/PIN:		
NOTES/ HINTS/ SECURITY QUESTION:		

TITLE:	PASSWORD CHANGE	DATE
URL:		
LOGIN:		
PASSWORD/PIN:		
NOTES/ HINTS/ SECURITY QUESTION:		

TITLE:	PASSWORD CHANGE	DATE
URL:		
LOGIN:		
PASSWORD/PIN:		
NOTES/ HINTS/ SECURITY QUESTION:		

TITLE:	PASSWORD CHANGE	DATE
URL:		
LOGIN:		
PASSWORD/PIN:		
NOTES/ HINTS/ SECURITY QUESTION:		

TITLE:	PASSWORD CHANGE	DATE
URL:		
LOGIN:		
PASSWORD/PIN:		
NOTES/ HINTS/ SECURITY QUESTION:		

TITLE:	PASSWORD CHANGE	DATE
URL:		
LOGIN:		
PASSWORD/PIN:		
NOTES/ HINTS/ SECURITY QUESTION:		

C

TITLE:	PASSWORD CHANGE	DATE
URL:		
LOGIN:		
PASSWORD/PIN:		
NOTES/ HINTS/ SECURITY QUESTION:		

TITLE:	PASSWORD CHANGE	DATE
URL:		
LOGIN:		
PASSWORD/PIN:		
NOTES/ HINTS/ SECURITY QUESTION:		

TITLE:	PASSWORD CHANGE	DATE
URL:		
LOGIN:		
PASSWORD/PIN:		
NOTES/ HINTS/ SECURITY QUESTION:		

TITLE:	PASSWORD CHANGE	DATE
URL:		
LOGIN:		
PASSWORD/PIN:		
NOTES/ HINTS/ SECURITY QUESTION:		

TITLE:	PASSWORD CHANGE	DATE
URL:		
LOGIN:		
PASSWORD/PIN:		
NOTES/ HINTS/ SECURITY QUESTION:		

TITLE:	PASSWORD CHANGE	DATE
URL:		
LOGIN:		
PASSWORD/PIN:		
NOTES/ HINTS/ SECURITY QUESTION:		

D

TITLE:	PASSWORD CHANGE	DATE
URL:		
LOGIN:		
PASSWORD/PIN:		
NOTES/ HINTS/ SECURITY QUESTION:		

TITLE:	PASSWORD CHANGE	DATE
URL:		
LOGIN:		
PASSWORD/PIN:		
NOTES/ HINTS/ SECURITY QUESTION:		

TITLE:	PASSWORD CHANGE	DATE
URL:		
LOGIN:		
PASSWORD/PIN:		
NOTES/ HINTS/ SECURITY QUESTION:		

TITLE:	PASSWORD CHANGE	DATE
URL:		
LOGIN:		
PASSWORD/PIN:		
NOTES/ HINTS/ SECURITY QUESTION:		

TITLE:	PASSWORD CHANGE	DATE
URL:		
LOGIN:		
PASSWORD/PIN:		
NOTES/ HINTS/ SECURITY QUESTION:		

TITLE:	PASSWORD CHANGE	DATE
URL:		
LOGIN:		
PASSWORD/PIN:		
NOTES/ HINTS/ SECURITY QUESTION:		

D

TITLE:	PASSWORD CHANGE	DATE
URL:		
LOGIN:		
PASSWORD/PIN:		
NOTES/ HINTS/ SECURITY QUESTION:		

TITLE:	PASSWORD CHANGE	DATE
URL:		
LOGIN:		
PASSWORD/PIN:		
NOTES/ HINTS/ SECURITY QUESTION:		

TITLE:	PASSWORD CHANGE	DATE
URL:		
LOGIN:		
PASSWORD/PIN:		
NOTES/ HINTS/ SECURITY QUESTION:		

TITLE:	PASSWORD CHANGE	DATE
URL:		
LOGIN:		
PASSWORD/PIN:		
NOTES/ HINTS/ SECURITY QUESTION:		

TITLE:	PASSWORD CHANGE	DATE
URL:		
LOGIN:		
PASSWORD/PIN:		
NOTES/ HINTS/ SECURITY QUESTION:		

TITLE:	PASSWORD CHANGE	DATE
URL:		
LOGIN:		
PASSWORD/PIN:		
NOTES/ HINTS/ SECURITY QUESTION:		

TITLE:	PASSWORD CHANGE	DATE
URL:		
LOGIN:		
PASSWORD/PIN:		
NOTES/ HINTS/ SECURITY QUESTION:		

TITLE:	PASSWORD CHANGE	DATE
URL:		
LOGIN:		
PASSWORD/PIN:		
NOTES/ HINTS/ SECURITY QUESTION:		

TITLE:	PASSWORD CHANGE	DATE
URL:		
LOGIN:		
PASSWORD/PIN:		
NOTES/ HINTS/ SECURITY QUESTION:		

TITLE:	PASSWORD CHANGE	DATE
URL:		
LOGIN:		
PASSWORD/PIN:		
NOTES/ HINTS/ SECURITY QUESTION:		

TITLE:	PASSWORD CHANGE	DATE
URL:		
LOGIN:		
PASSWORD/PIN:		
NOTES/ HINTS/ SECURITY QUESTION:		

TITLE:	PASSWORD CHANGE	DATE
URL:		
LOGIN:		
PASSWORD/PIN:		
NOTES/ HINTS/ SECURITY QUESTION:		

TITLE:	PASSWORD CHANGE	DATE
URL:		
LOGIN:		
PASSWORD/PIN:		
NOTES/ HINTS/ SECURITY QUESTION:		

TITLE:	PASSWORD CHANGE	DATE
URL:		
LOGIN:		
PASSWORD/PIN:		
NOTES/ HINTS/ SECURITY QUESTION:		

TITLE:	PASSWORD CHANGE	DATE
URL:		
LOGIN:		
PASSWORD/PIN:		
NOTES/ HINTS/ SECURITY QUESTION:		

E

TITLE:	PASSWORD CHANGE	DATE
URL:		
LOGIN:		
PASSWORD/PIN:		
NOTES/ HINTS/ SECURITY QUESTION:		

F   **F**

TITLE:	PASSWORD CHANGE	DATE
URL:		
LOGIN:		
PASSWORD/PIN:		
NOTES/ HINTS/ SECURITY QUESTION:		

TITLE:	PASSWORD CHANGE	DATE
URL:		
LOGIN:		
PASSWORD/PIN:		
NOTES/ HINTS/ SECURITY QUESTION:		

TITLE:	PASSWORD CHANGE	DATE
URL:		
LOGIN:		
PASSWORD/PIN:		
NOTES/ HINTS/ SECURITY QUESTION:		

F

TITLE:	PASSWORD CHANGE	DATE
URL:		
LOGIN:		
PASSWORD/PIN:		
NOTES/ HINTS/ SECURITY QUESTION:		

TITLE:	PASSWORD CHANGE	DATE
URL:		
LOGIN:		
PASSWORD/PIN:		
NOTES/ HINTS/ SECURITY QUESTION:		

TITLE:	PASSWORD CHANGE	DATE
URL:		
LOGIN:		
PASSWORD/PIN:		
NOTES/ HINTS/ SECURITY QUESTION:		

TITLE:	PASSWORD CHANGE	DATE
URL:		
LOGIN:		
PASSWORD/PIN:		
NOTES/ HINTS/ SECURITY QUESTION:		

TITLE:	PASSWORD CHANGE	DATE
URL:		
LOGIN:		
PASSWORD/PIN:		
NOTES/ HINTS/ SECURITY QUESTION:		

TITLE:	PASSWORD CHANGE	DATE
URL:		
LOGIN:		
PASSWORD/PIN:		
NOTES/ HINTS/ SECURITY QUESTION:		

F

TITLE:	PASSWORD CHANGE	DATE
URL:		
LOGIN:		
PASSWORD/PIN:		
NOTES/ HINTS/ SECURITY QUESTION:		

TITLE:	PASSWORD CHANGE	DATE
URL:		
LOGIN:		
PASSWORD/PIN:		
NOTES/ HINTS/ SECURITY QUESTION:		

TITLE:	PASSWORD CHANGE	DATE
URL:		
LOGIN:		
PASSWORD/PIN:		
NOTES/ HINTS/ SECURITY QUESTION:		

TITLE:	PASSWORD CHANGE	DATE
URL:		
LOGIN:		
PASSWORD/PIN:		
NOTES/ HINTS/ SECURITY QUESTION:		

TITLE:	PASSWORD CHANGE	DATE
URL:		
LOGIN:		
PASSWORD/PIN:		
NOTES/ HINTS/ SECURITY QUESTION:		

TITLE:	PASSWORD CHANGE	DATE
URL:		
LOGIN:		
PASSWORD/PIN:		
NOTES/ HINTS/ SECURITY QUESTION:		

G

TITLE:	PASSWORD CHANGE	DATE
URL:		
LOGIN:		
PASSWORD/PIN:		
NOTES/ HINTS/ SECURITY QUESTION:		

TITLE:	PASSWORD CHANGE	DATE
URL:		
LOGIN:		
PASSWORD/PIN:		
NOTES/ HINTS/ SECURITY QUESTION:		

TITLE:	PASSWORD CHANGE	DATE
URL:		
LOGIN:		
PASSWORD/PIN:		
NOTES/ HINTS/ SECURITY QUESTION:		

TITLE:	PASSWORD CHANGE	DATE
URL:		
LOGIN:		
PASSWORD/PIN:		
NOTES/ HINTS/ SECURITY QUESTION:		

TITLE:	PASSWORD CHANGE	DATE
URL:		
LOGIN:		
PASSWORD/PIN:		
NOTES/ HINTS/ SECURITY QUESTION:		

TITLE:	PASSWORD CHANGE	DATE
URL:		
LOGIN:		
PASSWORD/PIN:		
NOTES/ HINTS/ SECURITY QUESTION:		

G

TITLE:	PASSWORD CHANGE	DATE
URL:		
LOGIN:		
PASSWORD/PIN:		
NOTES/ HINTS/ SECURITY QUESTION:		

TITLE:	PASSWORD CHANGE	DATE
URL:		
LOGIN:		
PASSWORD/PIN:		
NOTES/ HINTS/ SECURITY QUESTION:		

TITLE:	PASSWORD CHANGE	DATE
URL:		
LOGIN:		
PASSWORD/PIN:		
NOTES/ HINTS/ SECURITY QUESTION:		

TITLE:	PASSWORD CHANGE	DATE
URL:		
LOGIN:		
PASSWORD/PIN:		
NOTES/ HINTS/ SECURITY QUESTION:		

TITLE:	PASSWORD CHANGE	DATE
URL:		
LOGIN:		
PASSWORD/PIN:		
NOTES/ HINTS/ SECURITY QUESTION:		

TITLE:	PASSWORD CHANGE	DATE
URL:		
LOGIN:		
PASSWORD/PIN:		
NOTES/ HINTS/ SECURITY QUESTION:		

H
H

TITLE:	PASSWORD CHANGE	DATE
URL:		
LOGIN:		
PASSWORD/PIN:		
NOTES/ HINTS/ SECURITY QUESTION:		

TITLE:	PASSWORD CHANGE	DATE
URL:		
LOGIN:		
PASSWORD/PIN:		
NOTES/ HINTS/ SECURITY QUESTION:		

TITLE:	PASSWORD CHANGE	DATE
URL:		
LOGIN:		
PASSWORD/PIN:		
NOTES/ HINTS/ SECURITY QUESTION:		

TITLE:	PASSWORD CHANGE	DATE
URL:		
LOGIN:		
PASSWORD/PIN:		
NOTES/ HINTS/ SECURITY QUESTION:		

TITLE:	PASSWORD CHANGE	DATE
URL:		
LOGIN:		
PASSWORD/PIN:		
NOTES/ HINTS/ SECURITY QUESTION:		

TITLE:	PASSWORD CHANGE	DATE
URL:		
LOGIN:		
PASSWORD/PIN:		
NOTES/ HINTS/ SECURITY QUESTION:		

H

TITLE:	PASSWORD CHANGE	DATE
URL:		
LOGIN:		
PASSWORD/PIN:		
NOTES/ HINTS/ SECURITY QUESTION:		

TITLE:	PASSWORD CHANGE	DATE
URL:		
LOGIN:		
PASSWORD/PIN:		
NOTES/ HINTS/ SECURITY QUESTION:		

TITLE:	PASSWORD CHANGE	DATE
URL:		
LOGIN:		
PASSWORD/PIN:		
NOTES/ HINTS/ SECURITY QUESTION:		

TITLE:	PASSWORD CHANGE	DATE
URL:		
LOGIN:		
PASSWORD/PIN:		
NOTES/ HINTS/ SECURITY QUESTION:		

TITLE:	PASSWORD CHANGE	DATE
URL:		
LOGIN:		
PASSWORD/PIN:		
NOTES/ HINTS/ SECURITY QUESTION:		

TITLE:	PASSWORD CHANGE	DATE
URL:		
LOGIN:		
PASSWORD/PIN:		
NOTES/ HINTS/ SECURITY QUESTION:		

TITLE:	PASSWORD CHANGE	DATE
URL:		
LOGIN:		
PASSWORD/PIN:		
NOTES/ HINTS/ SECURITY QUESTION:		

TITLE:	PASSWORD CHANGE	DATE
URL:		
LOGIN:		
PASSWORD/PIN:		
NOTES/ HINTS/ SECURITY QUESTION:		

TITLE:	PASSWORD CHANGE	DATE
URL:		
LOGIN:		
PASSWORD/PIN:		
NOTES/ HINTS/ SECURITY QUESTION:		

TITLE:	PASSWORD CHANGE	DATE
URL:		
LOGIN:		
PASSWORD/PIN:		
NOTES/ HINTS/ SECURITY QUESTION:		

TITLE:	PASSWORD CHANGE	DATE
URL:		
LOGIN:		
PASSWORD/PIN:		
NOTES/ HINTS/ SECURITY QUESTION:		

TITLE:	PASSWORD CHANGE	DATE
URL:		
LOGIN:		
PASSWORD/PIN:		
NOTES/ HINTS/ SECURITY QUESTION:		

TITLE:	PASSWORD CHANGE	DATE
URL:		
LOGIN:		
PASSWORD/PIN:		
NOTES/ HINTS/ SECURITY QUESTION:		

TITLE:	PASSWORD CHANGE	DATE
URL:		
LOGIN:		
PASSWORD/PIN:		
NOTES/ HINTS/ SECURITY QUESTION:		

TITLE:	PASSWORD CHANGE	DATE
URL:		
LOGIN:		
PASSWORD/PIN:		
NOTES/ HINTS/ SECURITY QUESTION:		

J

TITLE:	PASSWORD CHANGE	DATE
URL:		
LOGIN:		
PASSWORD/PIN:		
NOTES/ HINTS/ SECURITY QUESTION:		

J

TITLE:	PASSWORD CHANGE	DATE
URL:		
LOGIN:		
PASSWORD/PIN:		
NOTES/ HINTS/ SECURITY QUESTION:		

TITLE:	PASSWORD CHANGE	DATE
URL:		
LOGIN:		
PASSWORD/PIN:		
NOTES/ HINTS/ SECURITY QUESTION:		

TITLE:	PASSWORD CHANGE	DATE
URL:		
LOGIN:		
PASSWORD/PIN:		
NOTES/ HINTS/ SECURITY QUESTION:		

TITLE:	PASSWORD CHANGE	DATE
URL:		
LOGIN:		
PASSWORD/PIN:		
NOTES/ HINTS/ SECURITY QUESTION:		

TITLE:	PASSWORD CHANGE	DATE
URL:		
LOGIN:		
PASSWORD/PIN:		
NOTES/ HINTS/ SECURITY QUESTION:		

TITLE:	PASSWORD CHANGE	DATE
URL:		
LOGIN:		
PASSWORD/PIN:		
NOTES/ HINTS/ SECURITY QUESTION:		

TITLE:	PASSWORD CHANGE	DATE
URL:		
LOGIN:		
PASSWORD/PIN:		
NOTES/ HINTS/ SECURITY QUESTION:		

TITLE:	PASSWORD CHANGE	DATE
URL:		
LOGIN:		
PASSWORD/PIN:		
NOTES/ HINTS/ SECURITY QUESTION:		

J

TITLE:	PASSWORD CHANGE	DATE
URL:		
LOGIN:		
PASSWORD/PIN:		
NOTES/ HINTS/ SECURITY QUESTION:		

TITLE:	PASSWORD CHANGE	DATE
URL:		
LOGIN:		
PASSWORD/PIN:		
NOTES/ HINTS/ SECURITY QUESTION:		

TITLE:	PASSWORD CHANGE	DATE
URL:		
LOGIN:		
PASSWORD/PIN:		
NOTES/ HINTS/ SECURITY QUESTION:		

K

TITLE:	PASSWORD CHANGE	DATE
URL:		
LOGIN:		
PASSWORD/PIN:		
NOTES/ HINTS/ SECURITY QUESTION:		

K

TITLE:	PASSWORD CHANGE	DATE
URL:		
LOGIN:		
PASSWORD/PIN:		
NOTES/ HINTS/ SECURITY QUESTION:		

TITLE:	PASSWORD CHANGE	DATE
URL:		
LOGIN:		
PASSWORD/PIN:		
NOTES/ HINTS/ SECURITY QUESTION:		

TITLE:	PASSWORD CHANGE	DATE
URL:		
LOGIN:		
PASSWORD/PIN:		
NOTES/ HINTS/ SECURITY QUESTION:		

TITLE:	PASSWORD CHANGE	DATE
URL:		
LOGIN:		
PASSWORD/PIN:		
NOTES/ HINTS/ SECURITY QUESTION:		

TITLE:	PASSWORD CHANGE	DATE
URL:		
LOGIN:		
PASSWORD/PIN:		
NOTES/ HINTS/ SECURITY QUESTION:		

TITLE:	PASSWORD CHANGE	DATE
URL:		
LOGIN:		
PASSWORD/PIN:		
NOTES/ HINTS/ SECURITY QUESTION:		

TITLE:	PASSWORD CHANGE	DATE
URL:		
LOGIN:		
PASSWORD/PIN:		
NOTES/ HINTS/ SECURITY QUESTION:		

TITLE:	PASSWORD CHANGE	DATE
URL:		
LOGIN:		
PASSWORD/PIN:		
NOTES/ HINTS/ SECURITY QUESTION:		

TITLE:	PASSWORD CHANGE	DATE
URL:		
LOGIN:		
PASSWORD/PIN:		
NOTES/ HINTS/ SECURITY QUESTION:		

TITLE:	PASSWORD CHANGE	DATE
URL:		
LOGIN:		
PASSWORD/PIN:		
NOTES/ HINTS/ SECURITY QUESTION:		

K

TITLE:	PASSWORD CHANGE	DATE
URL:		
LOGIN:		
PASSWORD/PIN:		
NOTES/ HINTS/ SECURITY QUESTION:		

TITLE:	PASSWORD CHANGE	DATE
URL:		
LOGIN:		
PASSWORD/PIN:		
NOTES/ HINTS/ SECURITY QUESTION:		

TITLE:	PASSWORD CHANGE	DATE
URL:		
LOGIN:		
PASSWORD/PIN:		
NOTES/ HINTS/ SECURITY QUESTION:		

TITLE:	PASSWORD CHANGE	DATE
URL:		
LOGIN:		
PASSWORD/PIN:		
NOTES/ HINTS/ SECURITY QUESTION:		

TITLE:	PASSWORD CHANGE	DATE
URL:		
LOGIN:		
PASSWORD/PIN:		
NOTES/ HINTS/ SECURITY QUESTION:		

TITLE:	PASSWORD CHANGE	DATE
URL:		
LOGIN:		
PASSWORD/PIN:		
NOTES/ HINTS/ SECURITY QUESTION:		

TITLE:	PASSWORD CHANGE	DATE
URL:		
LOGIN:		
PASSWORD/PIN:		
NOTES/ HINTS/ SECURITY QUESTION:		

TITLE:	PASSWORD CHANGE	DATE
URL:		
LOGIN:		
PASSWORD/PIN:		
NOTES/ HINTS/ SECURITY QUESTION:		

TITLE:	PASSWORD CHANGE	DATE
URL:		
LOGIN:		
PASSWORD/PIN:		
NOTES/ HINTS/ SECURITY QUESTION:		

TITLE:	PASSWORD CHANGE	DATE
URL:		
LOGIN:		
PASSWORD/PIN:		
NOTES/ HINTS/ SECURITY QUESTION:		

TITLE:	PASSWORD CHANGE	DATE
URL:		
LOGIN:		
PASSWORD/PIN:		
NOTES/ HINTS/ SECURITY QUESTION:		

TITLE:	PASSWORD CHANGE	DATE
URL:		
LOGIN:		
PASSWORD/PIN:		
NOTES/ HINTS/ SECURITY QUESTION:		

TITLE:	PASSWORD CHANGE	DATE
URL:		
LOGIN:		
PASSWORD/PIN:		
NOTES/ HINTS/ SECURITY QUESTION:		

TITLE:	PASSWORD CHANGE	DATE
URL:		
LOGIN:		
PASSWORD/PIN:		
NOTES/ HINTS/ SECURITY QUESTION:		

TITLE:	PASSWORD CHANGE	DATE
URL:		
LOGIN:		
PASSWORD/PIN:		
NOTES/ HINTS/ SECURITY QUESTION:		

TITLE:	PASSWORD CHANGE	DATE
URL:		
LOGIN:		
PASSWORD/PIN:		
NOTES/ HINTS/ SECURITY QUESTION:		

TITLE:	PASSWORD CHANGE	DATE
URL:		
LOGIN:		
PASSWORD/PIN:		
NOTES/ HINTS/ SECURITY QUESTION:		

TITLE:	PASSWORD CHANGE	DATE
URL:		
LOGIN:		
PASSWORD/PIN:		
NOTES/ HINTS/ SECURITY QUESTION:		

M

TITLE:	PASSWORD CHANGE	DATE
URL:		
LOGIN:		
PASSWORD/PIN:		
NOTES/ HINTS/ SECURITY QUESTION:		

TITLE:	PASSWORD CHANGE	DATE
URL:		
LOGIN:		
PASSWORD/PIN:		
NOTES/ HINTS/ SECURITY QUESTION:		

TITLE:	PASSWORD CHANGE	DATE
URL:		
LOGIN:		
PASSWORD/PIN:		
NOTES/ HINTS/ SECURITY QUESTION:		

TITLE:	PASSWORD CHANGE	DATE
URL:		
LOGIN:		
PASSWORD/PIN:		
NOTES/ HINTS/ SECURITY QUESTION:		

TITLE:	PASSWORD CHANGE	DATE
URL:		
LOGIN:		
PASSWORD/PIN:		
NOTES/ HINTS/ SECURITY QUESTION:		

TITLE:	PASSWORD CHANGE	DATE
URL:		
LOGIN:		
PASSWORD/PIN:		
NOTES/ HINTS/ SECURITY QUESTION:		

M

TITLE:	PASSWORD CHANGE	DATE
URL:		
LOGIN:		
PASSWORD/PIN:		
NOTES/ HINTS/ SECURITY QUESTION:		

TITLE:	PASSWORD CHANGE	DATE
URL:		
LOGIN:		
PASSWORD/PIN:		
NOTES/ HINTS/ SECURITY QUESTION:		

TITLE:	PASSWORD CHANGE	DATE
URL:		
LOGIN:		
PASSWORD/PIN:		
NOTES/ HINTS/ SECURITY QUESTION:		

TITLE:	PASSWORD CHANGE	DATE
URL:		
LOGIN:		
PASSWORD/PIN:		
NOTES/ HINTS/ SECURITY QUESTION:		

TITLE:	PASSWORD CHANGE	DATE
URL:		
LOGIN:		
PASSWORD/PIN:		
NOTES/ HINTS/ SECURITY QUESTION:		

TITLE:	PASSWORD CHANGE	DATE
URL:		
LOGIN:		
PASSWORD/PIN:		
NOTES/ HINTS/ SECURITY QUESTION:		

TITLE:	PASSWORD CHANGE	DATE
URL:		
LOGIN:		
PASSWORD/PIN:		
NOTES/ HINTS/ SECURITY QUESTION:		

TITLE:	PASSWORD CHANGE	DATE
URL:		
LOGIN:		
PASSWORD/PIN:		
NOTES/ HINTS/ SECURITY QUESTION:		

TITLE:	PASSWORD CHANGE	DATE
URL:		
LOGIN:		
PASSWORD/PIN:		
NOTES/ HINTS/ SECURITY QUESTION:		

TITLE:	PASSWORD CHANGE	DATE
URL:		
LOGIN:		
PASSWORD/PIN:		
NOTES/ HINTS/ SECURITY QUESTION:		

TITLE:	PASSWORD CHANGE	DATE
URL:		
LOGIN:		
PASSWORD/PIN:		
NOTES/ HINTS/ SECURITY QUESTION:		

N

TITLE:	PASSWORD CHANGE	DATE
URL:		
LOGIN:		
PASSWORD/PIN:		
NOTES/ HINTS/ SECURITY QUESTION:		

TITLE:	PASSWORD CHANGE	DATE
URL:		
LOGIN:		
PASSWORD/PIN:		
NOTES/ HINTS/ SECURITY QUESTION:		

TITLE:	PASSWORD CHANGE	DATE
URL:		
LOGIN:		
PASSWORD/PIN:		
NOTES/ HINTS/ SECURITY QUESTION:		

0   0

TITLE:	PASSWORD CHANGE	DATE
URL:		
LOGIN:		
PASSWORD/PIN:		
NOTES/ HINTS/ SECURITY QUESTION:		

TITLE:	PASSWORD CHANGE	DATE
URL:		
LOGIN:		
PASSWORD/PIN:		
NOTES/ HINTS/ SECURITY QUESTION:		

TITLE:	PASSWORD CHANGE	DATE
URL:		
LOGIN:		
PASSWORD/PIN:		
NOTES/ HINTS/ SECURITY QUESTION:		

TITLE:	PASSWORD CHANGE	DATE
URL:		
LOGIN:		
PASSWORD/PIN:		
NOTES/ HINTS/ SECURITY QUESTION:		

TITLE:	PASSWORD CHANGE	DATE
URL:		
LOGIN:		
PASSWORD/PIN:		
NOTES/ HINTS/ SECURITY QUESTION:		

TITLE:	PASSWORD CHANGE	DATE
URL:		
LOGIN:		
PASSWORD/PIN:		
NOTES/ HINTS/ SECURITY QUESTION:		

TITLE:	PASSWORD CHANGE	DATE
URL:		
LOGIN:		
PASSWORD/PIN:		
NOTES/ HINTS/ SECURITY QUESTION:		

TITLE:	PASSWORD CHANGE	DATE
URL:		
LOGIN:		
PASSWORD/PIN:		
NOTES/ HINTS/ SECURITY QUESTION:		

TITLE:	PASSWORD CHANGE	DATE
URL:		
LOGIN:		
PASSWORD/PIN:		
NOTES/ HINTS/ SECURITY QUESTION:		

0

TITLE:	PASSWORD CHANGE	DATE
URL:		
LOGIN:		
PASSWORD/PIN:		
NOTES/ HINTS/ SECURITY QUESTION:		

TITLE:	PASSWORD CHANGE	DATE
URL:		
LOGIN:		
PASSWORD/PIN:		
NOTES/ HINTS/ SECURITY QUESTION:		

TITLE:	PASSWORD CHANGE	DATE
URL:		
LOGIN:		
PASSWORD/PIN:		
NOTES/ HINTS/ SECURITY QUESTION:		

TITLE:	PASSWORD CHANGE	DATE
URL:		
LOGIN:		
PASSWORD/PIN:		
NOTES/ HINTS/ SECURITY QUESTION:		

TITLE:	PASSWORD CHANGE	DATE
URL:		
LOGIN:		
PASSWORD/PIN:		
NOTES/ HINTS/ SECURITY QUESTION:		

TITLE:	PASSWORD CHANGE	DATE
URL:		
LOGIN:		
PASSWORD/PIN:		
NOTES/ HINTS/ SECURITY QUESTION:		

P

TITLE:	PASSWORD CHANGE	DATE
URL:		
LOGIN:		
PASSWORD/PIN:		
NOTES/ HINTS/ SECURITY QUESTION:		

TITLE:	PASSWORD CHANGE	DATE
URL:		
LOGIN:		
PASSWORD/PIN:		
NOTES/ HINTS/ SECURITY QUESTION:		

TITLE:	PASSWORD CHANGE	DATE
URL:		
LOGIN:		
PASSWORD/PIN:		
NOTES/ HINTS/ SECURITY QUESTION:		

TITLE:	PASSWORD CHANGE	DATE
URL:		
LOGIN:		
PASSWORD/PIN:		
NOTES/ HINTS/ SECURITY QUESTION:		

TITLE:	PASSWORD CHANGE	DATE
URL:		
LOGIN:		
PASSWORD/PIN:		
NOTES/ HINTS/ SECURITY QUESTION:		

TITLE:	PASSWORD CHANGE	DATE
URL:		
LOGIN:		
PASSWORD/PIN:		
NOTES/ HINTS/ SECURITY QUESTION:		

P

TITLE:	PASSWORD CHANGE	DATE
URL:		
LOGIN:		
PASSWORD/PIN:		
NOTES/ HINTS/ SECURITY QUESTION:		

TITLE:	PASSWORD CHANGE	DATE
URL:		
LOGIN:		
PASSWORD/PIN:		
NOTES/ HINTS/ SECURITY QUESTION:		

TITLE:	PASSWORD CHANGE	DATE
URL:		
LOGIN:		
PASSWORD/PIN:		
NOTES/ HINTS/ SECURITY QUESTION:		

TITLE:	PASSWORD CHANGE	DATE
URL:		
LOGIN:		
PASSWORD/PIN:		
NOTES/ HINTS/ SECURITY QUESTION:		

TITLE:	PASSWORD CHANGE	DATE
URL:		
LOGIN:		
PASSWORD/PIN:		
NOTES/ HINTS/ SECURITY QUESTION:		

TITLE:	PASSWORD CHANGE	DATE
URL:		
LOGIN:		
PASSWORD/PIN:		
NOTES/ HINTS/ SECURITY QUESTION:		

TITLE:	PASSWORD CHANGE	DATE
URL:		
LOGIN:		
PASSWORD/PIN:		
NOTES/ HINTS/ SECURITY QUESTION:		

TITLE:	PASSWORD CHANGE	DATE
URL:		
LOGIN:		
PASSWORD/PIN:		
NOTES/ HINTS/ SECURITY QUESTION:		

TITLE:	PASSWORD CHANGE	DATE
URL:		
LOGIN:		
PASSWORD/PIN:		
NOTES/ HINTS/ SECURITY QUESTION:		

TITLE:	PASSWORD CHANGE	DATE
URL:		
LOGIN:		
PASSWORD/PIN:		
NOTES/ HINTS/ SECURITY QUESTION:		

TITLE:	PASSWORD CHANGE	DATE
URL:		
LOGIN:		
PASSWORD/PIN:		
NOTES/ HINTS/ SECURITY QUESTION:		

TITLE:	PASSWORD CHANGE	DATE
URL:		
LOGIN:		
PASSWORD/PIN:		
NOTES/ HINTS/ SECURITY QUESTION:		

Q

TITLE:	PASSWORD CHANGE	DATE
URL:		
LOGIN:		
PASSWORD/PIN:		
NOTES/ HINTS/ SECURITY QUESTION:		

TITLE:	PASSWORD CHANGE	DATE
URL:		
LOGIN:		
PASSWORD/PIN:		
NOTES/ HINTS/ SECURITY QUESTION:		

TITLE:	PASSWORD CHANGE	DATE
URL:		
LOGIN:		
PASSWORD/PIN:		
NOTES/ HINTS/ SECURITY QUESTION:		

R

TITLE:	PASSWORD CHANGE	DATE
URL:		
LOGIN:		
PASSWORD/PIN:		
NOTES/ HINTS/ SECURITY QUESTION:		

R

TITLE:	PASSWORD CHANGE	DATE
URL:		
LOGIN:		
PASSWORD/PIN:		
NOTES/ HINTS/ SECURITY QUESTION:		

TITLE:	PASSWORD CHANGE	DATE
URL:		
LOGIN:		
PASSWORD/PIN:		
NOTES/ HINTS/ SECURITY QUESTION:		

R

TITLE:	PASSWORD CHANGE	DATE
URL:		
LOGIN:		
PASSWORD/PIN:		
NOTES/ HINTS/ SECURITY QUESTION:		

TITLE:	PASSWORD CHANGE	DATE
URL:		
LOGIN:		
PASSWORD/PIN:		
NOTES/ HINTS/ SECURITY QUESTION:		

TITLE:	PASSWORD CHANGE	DATE
URL:		
LOGIN:		
PASSWORD/PIN:		
NOTES/ HINTS/ SECURITY QUESTION:		

TITLE:	PASSWORD CHANGE	DATE
URL:		
LOGIN:		
PASSWORD/PIN:		
NOTES/ HINTS/ SECURITY QUESTION:		

TITLE:	PASSWORD CHANGE	DATE
URL:		
LOGIN:		
PASSWORD/PIN:		
NOTES/ HINTS/ SECURITY QUESTION:		

TITLE:	PASSWORD CHANGE	DATE
URL:		
LOGIN:		
PASSWORD/PIN:		
NOTES/ HINTS/ SECURITY QUESTION:		

R

TITLE:	PASSWORD CHANGE	DATE
URL:		
LOGIN:		
PASSWORD/PIN:		
NOTES/ HINTS/ SECURITY QUESTION:		

TITLE:	PASSWORD CHANGE	DATE
URL:		
LOGIN:		
PASSWORD/PIN:		
NOTES/ HINTS/ SECURITY QUESTION:		

TITLE:	PASSWORD CHANGE	DATE
URL:		
LOGIN:		
PASSWORD/PIN:		
NOTES/ HINTS/ SECURITY QUESTION:		

TITLE:	PASSWORD CHANGE	DATE
URL:		
LOGIN:		
PASSWORD/PIN:		
NOTES/ HINTS/ SECURITY QUESTION:		

TITLE:	PASSWORD CHANGE	DATE
URL:		
LOGIN:		
PASSWORD/PIN:		
NOTES/ HINTS/ SECURITY QUESTION:		

TITLE:	PASSWORD CHANGE	DATE
URL:		
LOGIN:		
PASSWORD/PIN:		
NOTES/ HINTS/ SECURITY QUESTION:		

TITLE:	PASSWORD CHANGE	DATE
URL:		
LOGIN:		
PASSWORD/PIN:		
NOTES/ HINTS/ SECURITY QUESTION:		

TITLE:	PASSWORD CHANGE	DATE
URL:		
LOGIN:		
PASSWORD/PIN:		
NOTES/ HINTS/ SECURITY QUESTION:		

TITLE:	PASSWORD CHANGE	DATE
URL:		
LOGIN:		
PASSWORD/PIN:		
NOTES/ HINTS/ SECURITY QUESTION:		

TITLE:	PASSWORD CHANGE	DATE
URL:		
LOGIN:		
PASSWORD/PIN:		
NOTES/ HINTS/ SECURITY QUESTION:		

TITLE:	PASSWORD CHANGE	DATE
URL:		
LOGIN:		
PASSWORD/PIN:		
NOTES/ HINTS/ SECURITY QUESTION:		

TITLE:	PASSWORD CHANGE	DATE
URL:		
LOGIN:		
PASSWORD/PIN:		
NOTES/ HINTS/ SECURITY QUESTION:		

TITLE:	PASSWORD CHANGE	DATE
URL:		
LOGIN:		
PASSWORD/PIN:		
NOTES/ HINTS/ SECURITY QUESTION:		

S

TITLE:	PASSWORD CHANGE	DATE
URL:		
LOGIN:		
PASSWORD/PIN:		
NOTES/ HINTS/ SECURITY QUESTION:		

TITLE:	PASSWORD CHANGE	DATE
URL:		
LOGIN:		
PASSWORD/PIN:		
NOTES/ HINTS/ SECURITY QUESTION:		

TITLE:	PASSWORD CHANGE	DATE
URL:		
LOGIN:		
PASSWORD/PIN:		
NOTES/ HINTS/ SECURITY QUESTION:		

TITLE:	PASSWORD CHANGE	DATE
URL:		
LOGIN:		
PASSWORD/PIN:		
NOTES/ HINTS/ SECURITY QUESTION:		

TITLE:	PASSWORD CHANGE	DATE
URL:		
LOGIN:		
PASSWORD/PIN:		
NOTES/ HINTS/ SECURITY QUESTION:		

TITLE:	PASSWORD CHANGE	DATE
URL:		
LOGIN:		
PASSWORD/PIN:		
NOTES/ HINTS/ SECURITY QUESTION:		

TITLE:	PASSWORD CHANGE	DATE
URL:		
LOGIN:		
PASSWORD/PIN:		
NOTES/ HINTS/ SECURITY QUESTION:		

TITLE:	PASSWORD CHANGE	DATE
URL:		
LOGIN:		
PASSWORD/PIN:		
NOTES/ HINTS/ SECURITY QUESTION:		

TITLE:	PASSWORD CHANGE	DATE
URL:		
LOGIN:		
PASSWORD/PIN:		
NOTES/ HINTS/ SECURITY QUESTION:		

TITLE:	PASSWORD CHANGE	DATE
URL:		
LOGIN:		
PASSWORD/PIN:		
NOTES/ HINTS/ SECURITY QUESTION:		

TITLE:	PASSWORD CHANGE	DATE
URL:		
LOGIN:		
PASSWORD/PIN:		
NOTES/ HINTS/ SECURITY QUESTION:		

TITLE:	PASSWORD CHANGE	DATE
URL:		
LOGIN:		
PASSWORD/PIN:		
NOTES/ HINTS/ SECURITY QUESTION:		

TITLE:	PASSWORD CHANGE	DATE
URL:		
LOGIN:		
PASSWORD/PIN:		
NOTES/ HINTS/ SECURITY QUESTION:		

TITLE:	PASSWORD CHANGE	DATE
URL:		
LOGIN:		
PASSWORD/PIN:		
NOTES/ HINTS/ SECURITY QUESTION:		

TITLE:	PASSWORD CHANGE	DATE
URL:		
LOGIN:		
PASSWORD/PIN:		
NOTES/ HINTS/ SECURITY QUESTION:		

TITLE:	PASSWORD CHANGE	DATE
URL:		
LOGIN:		
PASSWORD/PIN:		
NOTES/ HINTS/ SECURITY QUESTION:		

TITLE:	PASSWORD CHANGE	DATE
URL:		
LOGIN:		
PASSWORD/PIN:		
NOTES/ HINTS/ SECURITY QUESTION:		

TITLE:	PASSWORD CHANGE	DATE
URL:		
LOGIN:		
PASSWORD/PIN:		
NOTES/ HINTS/ SECURITY QUESTION:		

TITLE:	PASSWORD CHANGE	DATE
URL:		
LOGIN:		
PASSWORD/PIN:		
NOTES/ HINTS/ SECURITY QUESTION:		

TITLE:	PASSWORD CHANGE	DATE
URL:		
LOGIN:		
PASSWORD/PIN:		
NOTES/ HINTS/ SECURITY QUESTION:		

TITLE:	PASSWORD CHANGE	DATE
URL:		
LOGIN:		
PASSWORD/PIN:		
NOTES/ HINTS/ SECURITY QUESTION:		

TITLE:	PASSWORD CHANGE	DATE
URL:		
LOGIN:		
PASSWORD/PIN:		
NOTES/ HINTS/ SECURITY QUESTION:		

TITLE:	PASSWORD CHANGE	DATE
URL:		
LOGIN:		
PASSWORD/PIN:		
NOTES/ HINTS/ SECURITY QUESTION:		

TITLE:	PASSWORD CHANGE	DATE
URL:		
LOGIN:		
PASSWORD/PIN:		
NOTES/ HINTS/ SECURITY QUESTION:		

TITLE:	PASSWORD CHANGE	DATE
URL:		
LOGIN:		
PASSWORD/PIN:		
NOTES/ HINTS/ SECURITY QUESTION:		

TITLE:	PASSWORD CHANGE	DATE
URL:		
LOGIN:		
PASSWORD/PIN:		
NOTES/ HINTS/ SECURITY QUESTION:		

TITLE:	PASSWORD CHANGE	DATE
URL:		
LOGIN:		
PASSWORD/PIN:		
NOTES/ HINTS/ SECURITY QUESTION:		

TITLE:	PASSWORD CHANGE	DATE
URL:		
LOGIN:		
PASSWORD/PIN:		
NOTES/ HINTS/ SECURITY QUESTION:		

TITLE:	PASSWORD CHANGE	DATE
URL:		
LOGIN:		
PASSWORD/PIN:		
NOTES/ HINTS/ SECURITY QUESTION:		

TITLE:	PASSWORD CHANGE	DATE
URL:		
LOGIN:		
PASSWORD/PIN:		
NOTES/ HINTS/ SECURITY QUESTION:		

TITLE:	PASSWORD CHANGE	DATE
URL:		
LOGIN:		
PASSWORD/PIN:		
NOTES/ HINTS/ SECURITY QUESTION:		

TITLE:	PASSWORD CHANGE	DATE
URL:		
LOGIN:		
PASSWORD/PIN:		
NOTES/ HINTS/ SECURITY QUESTION:		

TITLE:	PASSWORD CHANGE	DATE
URL:		
LOGIN:		
PASSWORD/PIN:		
NOTES/ HINTS/ SECURITY QUESTION:		

TITLE:	PASSWORD CHANGE	DATE
URL:		
LOGIN:		
PASSWORD/PIN:		
NOTES/ HINTS/ SECURITY QUESTION:		

TITLE:	PASSWORD CHANGE	DATE
URL:		
LOGIN:		
PASSWORD/PIN:		
NOTES/ HINTS/ SECURITY QUESTION:		

TITLE:	PASSWORD CHANGE	DATE
URL:		
LOGIN:		
PASSWORD/PIN:		
NOTES/ HINTS/ SECURITY QUESTION:		

TITLE:	PASSWORD CHANGE	DATE
URL:		
LOGIN:		
PASSWORD/PIN:		
NOTES/ HINTS/ SECURITY QUESTION:		

TITLE:	PASSWORD CHANGE	DATE
URL:		
LOGIN:		
PASSWORD/PIN:		
NOTES/ HINTS/ SECURITY QUESTION:		

TITLE:	PASSWORD CHANGE	DATE
URL:		
LOGIN:		
PASSWORD/PIN:		
NOTES/ HINTS/ SECURITY QUESTION:		

TITLE:	PASSWORD CHANGE	DATE
URL:		
LOGIN:		
PASSWORD/PIN:		
NOTES/ HINTS/ SECURITY QUESTION:		

TITLE:	PASSWORD CHANGE	DATE
URL:		
LOGIN:		
PASSWORD/PIN:		
NOTES/ HINTS/ SECURITY QUESTION:		

TITLE:	PASSWORD CHANGE	DATE
URL:		
LOGIN:		
PASSWORD/PIN:		
NOTES/ HINTS/ SECURITY QUESTION:		

TITLE:	PASSWORD CHANGE	DATE
URL:		
LOGIN:		
PASSWORD/PIN:		
NOTES/ HINTS/ SECURITY QUESTION:		

TITLE:	PASSWORD CHANGE	DATE
URL:		
LOGIN:		
PASSWORD/PIN:		
NOTES/ HINTS/ SECURITY QUESTION:		

TITLE:	PASSWORD CHANGE	DATE
URL:		
LOGIN:		
PASSWORD/PIN:		
NOTES/ HINTS/ SECURITY QUESTION:		

TITLE:	PASSWORD CHANGE	DATE
URL:		
LOGIN:		
PASSWORD/PIN:		
NOTES/ HINTS/ SECURITY QUESTION:		

TITLE:	PASSWORD CHANGE	DATE
URL:		
LOGIN:		
PASSWORD/PIN:		
NOTES/ HINTS/ SECURITY QUESTION:		

TITLE:	PASSWORD CHANGE	DATE
URL:		
LOGIN:		
PASSWORD/PIN:		
NOTES/ HINTS/ SECURITY QUESTION:		

TITLE:	PASSWORD CHANGE	DATE
URL:		
LOGIN:		
PASSWORD/PIN:		
NOTES/ HINTS/ SECURITY QUESTION:		

TITLE:	PASSWORD CHANGE	DATE
URL:		
LOGIN:		
PASSWORD/PIN:		
NOTES/ HINTS/ SECURITY QUESTION:		

TITLE:	PASSWORD CHANGE	DATE
URL:		
LOGIN:		
PASSWORD/PIN:		
NOTES/ HINTS/ SECURITY QUESTION:		

TITLE:	PASSWORD CHANGE	DATE
URL:		
LOGIN:		
PASSWORD/PIN:		
NOTES/ HINTS/ SECURITY QUESTION:		

TITLE:	PASSWORD CHANGE	DATE
URL:		
LOGIN:		
PASSWORD/PIN:		
NOTES/ HINTS/ SECURITY QUESTION:		

TITLE:	PASSWORD CHANGE	DATE
URL:		
LOGIN:		
PASSWORD/PIN:		
NOTES/ HINTS/ SECURITY QUESTION:		

TITLE:	PASSWORD CHANGE	DATE
URL:		
LOGIN:		
PASSWORD/PIN:		
NOTES/ HINTS/ SECURITY QUESTION:		

TITLE:	PASSWORD CHANGE	DATE
URL:		
LOGIN:		
PASSWORD/PIN:		
NOTES/ HINTS/ SECURITY QUESTION:		

TITLE:	PASSWORD CHANGE	DATE
URL:		
LOGIN:		
PASSWORD/PIN:		
NOTES/ HINTS/ SECURITY QUESTION:		

TITLE:	PASSWORD CHANGE	DATE
URL:		
LOGIN:		
PASSWORD/PIN:		
NOTES/ HINTS/ SECURITY QUESTION:		

TITLE:	PASSWORD CHANGE	DATE
URL:		
LOGIN:		
PASSWORD/PIN:		
NOTES/ HINTS/ SECURITY QUESTION:		

TITLE:	PASSWORD CHANGE	DATE
URL:		
LOGIN:		
PASSWORD/PIN:		
NOTES/ HINTS/ SECURITY QUESTION:		

TITLE:	PASSWORD CHANGE	DATE
URL:		
LOGIN:		
PASSWORD/PIN:		
NOTES/ HINTS/ SECURITY QUESTION:		

TITLE:	PASSWORD CHANGE	DATE
URL:		
LOGIN:		
PASSWORD/PIN:		
NOTES/ HINTS/ SECURITY QUESTION:		

TITLE:	PASSWORD CHANGE	DATE
URL:		
LOGIN:		
PASSWORD/PIN:		
NOTES/ HINTS/ SECURITY QUESTION:		

Y   Y

TITLE:	PASSWORD CHANGE	DATE
URL:		
LOGIN:		
PASSWORD/PIN:		
NOTES/ HINTS/ SECURITY QUESTION:		

TITLE:	PASSWORD CHANGE	DATE
URL:		
LOGIN:		
PASSWORD/PIN:		
NOTES/ HINTS/ SECURITY QUESTION:		

TITLE:	PASSWORD CHANGE	DATE
URL:		
LOGIN:		
PASSWORD/PIN:		
NOTES/ HINTS/ SECURITY QUESTION:		

Y

TITLE:	PASSWORD CHANGE	DATE
URL:		
LOGIN:		
PASSWORD/PIN:		
NOTES/ HINTS/ SECURITY QUESTION:		

TITLE:	PASSWORD CHANGE	DATE
URL:		
LOGIN:		
PASSWORD/PIN:		
NOTES/ HINTS/ SECURITY QUESTION:		

TITLE:	PASSWORD CHANGE	DATE
URL:		
LOGIN:		
PASSWORD/PIN:		
NOTES/ HINTS/ SECURITY QUESTION:		

Y   Y

TITLE:	PASSWORD CHANGE	DATE
URL:		
LOGIN:		
PASSWORD/PIN:		
NOTES/ HINTS/ SECURITY QUESTION:		

TITLE:	PASSWORD CHANGE	DATE
URL:		
LOGIN:		
PASSWORD/PIN:		
NOTES/ HINTS/ SECURITY QUESTION:		

TITLE:	PASSWORD CHANGE	DATE
URL:		
LOGIN:		
PASSWORD/PIN:		
NOTES/ HINTS/ SECURITY QUESTION:		

Y

TITLE:	PASSWORD CHANGE	DATE
URL:		
LOGIN:		
PASSWORD/PIN:		
NOTES/ HINTS/ SECURITY QUESTION:		

TITLE:	PASSWORD CHANGE	DATE
URL:		
LOGIN:		
PASSWORD/PIN:		
NOTES/ HINTS/ SECURITY QUESTION:		

TITLE:	PASSWORD CHANGE	DATE
URL:		
LOGIN:		
PASSWORD/PIN:		
NOTES/ HINTS/ SECURITY QUESTION:		

Z

TITLE:	PASSWORD CHANGE	DATE
URL:		
LOGIN:		
PASSWORD/PIN:		
NOTES/ HINTS/ SECURITY QUESTION:		

TITLE:	PASSWORD CHANGE	DATE
URL:		
LOGIN:		
PASSWORD/PIN:		
NOTES/ HINTS/ SECURITY QUESTION:		

TITLE:	PASSWORD CHANGE	DATE
URL:		
LOGIN:		
PASSWORD/PIN:		
NOTES/ HINTS/ SECURITY QUESTION:		

Z
Z

TITLE:	PASSWORD CHANGE	DATE
URL:		
LOGIN:		
PASSWORD/PIN:		
NOTES/ HINTS/ SECURITY QUESTION:		

TITLE:	PASSWORD CHANGE	DATE
URL:		
LOGIN:		
PASSWORD/PIN:		
NOTES/ HINTS/ SECURITY QUESTION:		

TITLE:	PASSWORD CHANGE	DATE
URL:		
LOGIN:		
PASSWORD/PIN:		
NOTES/ HINTS/ SECURITY QUESTION:		

Z   Z

TITLE:	PASSWORD CHANGE	DATE
URL:		
LOGIN:		
PASSWORD/PIN:		
NOTES/ HINTS/ SECURITY QUESTION:		

TITLE:	PASSWORD CHANGE	DATE
URL:		
LOGIN:		
PASSWORD/PIN:		
NOTES/ HINTS/ SECURITY QUESTION:		

TITLE:	PASSWORD CHANGE	DATE
URL:		
LOGIN:		
PASSWORD/PIN:		
NOTES/ HINTS/ SECURITY QUESTION:		

Additional Internet and Network Information

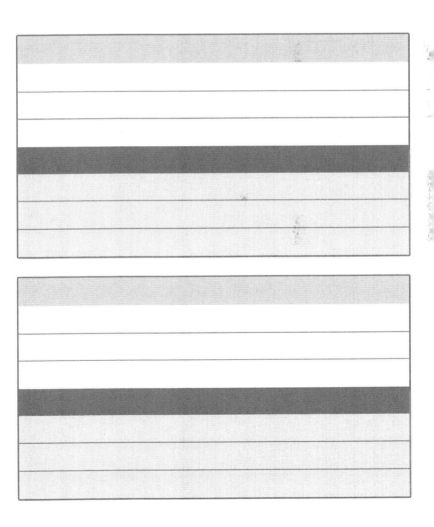

Made in the USA
San Bernardino, CA
22 December 2014